もやもやしたら、どうする？

自分でできる！
心と体のメンテナンス

監修 荒川雅子

体のことで、もやもやしたら ②

編著 WILLこども知育研究所

はじめに

　ちょっと元気が出ないときやなやみがあるとき、自分のためにしていることはありますか？　私は、今は大学の講師をしていますが、前までは保健室の先生をしていました。保健室には心や体に、いろいろなもやもやをかかえた人たちがやってきます。

　このシリーズでは、そんなもやもやから、自分で自分を少しでも楽にしてあげられるメンテナンスの方法をしょうかいしています。

　2巻では、「自分の体って変なのかな?」「すぐ緊張してしまうのがいや!」「ダイエットってしたほうがいいの?」など、自分の体にまつわるなやみから、自分を救い出すメンテナンスを取り上げます。

　保健室のとびらをノックするように、気軽に本を開いてみてください。途中から読み始めても、気になるページだけ読むのもOKです。自分の心と体を大事にできる人になってくれるとうれしいです。大人になろうとしているみなさんを応援しています。

東京学芸大学芸術・スポーツ科学系養護教育講座講師
荒川雅子

もくじ

はじめに …………………………………………………………… 2

もやもやファイル① 自分の体って変なのかな？ ………… 4
体の変化にとまどうをメンテナンス ……………………………… 6
もやもやファイル② 薬さえ飲めば元気になる？ ………… 8
いつも薬にたよってしまうをメンテナンス ……………………… 10
もやもやファイル③ すぐ緊張してしまうのがいや！ …… 12
すぐ緊張してしまうをメンテナンス ……………………………… 14
思春期の心と体には 何が起きているの？ …………………… 16
コラム 自分の体に優しく！ 上手な休み方を身につけよう …… 18

もやもやファイル④ かわいい・かっこいい あの子はいいな…… 20
自分を好きになれないをメンテナンス …………………………… 22
もやもやファイル⑤ ダイエットってしたほうがいいの？ … 24
まちがったダイエットをメンテナンス …………………………… 26
健康な体を作るには 何に気をつけたらいい？ ……………… 28
コラム 「ルッキズム」って何？ ………………………………… 30

もやもやファイル⑥ 月経（生理）っていやだなあ ……… 32
月経（生理）の疑問をメンテナンス ……………………………… 34
もやもやファイル⑦ 精通・射精っていったい何？ ……… 36
精通・射精の疑問をメンテナンス ………………………………… 38
私たちは、どのようにして 生まれてきたのだろう？ ……… 40
コラム セックス・妊娠について 知っておいてほしいこと …… 42
健康診断で自分の体のことを 正しく知ろう！ ……………… 44
さくいん・大切な用語集 …………………………………………… 46

もやもやファイル ①
自分の体って変なのかな?

体の変化にとまどうをメンテナンス

最近、体が変わってきて、気になったりとまどったりしている。
どうしてこんなことが起きるんだろう。自分にできることってあるのかな？

もやもや❶ にきびが増えていや

毎日顔を洗っているのに、どんどんにきびが増えてきて、いやだなあ……。

つぶしたりさわったりしたらだめって聞くけど、気になっちゃうよね。

にきびくらいで病院に行ってもいいのかな。行くとしたら何科がいいんだろう？

もやもや❷ 毛深くなってきた

手や足の毛がこくなってきた。半そでの服を着たときに気になっちゃう。

ぼくは脇毛が生えてきた。どうして生えてくるのかなあ？

すねにこい毛が生えているのに気づいてショック！毛なんていらないのに！

もやもや❸ 身長が気になる

みんな大人っぽくなっていくのに、自分だけ子どものままみたいであせる……。

牛乳を飲めば背がのびるってよく聞くけど、ほんとうなのかな？

私は逆に背が高すぎていや。低いほうがかわいくってうらやましいな。

肌を清潔に保とう

　にきびは、毛穴の出口に皮膚の脂（皮脂）がつまって炎症が起きる病気です。思春期は皮脂を増やす働きのある男性ホルモン（→P.16）が増えるため、にきびができやすくなります。

　洗顔で皮脂やよごれを洗い流し、肌を清潔に保ちましょう。皮脂は肌を乾燥から守るので、洗いすぎには要注意。また、さわったりつぶしたりすると、悪くなったりあとが残ったりすることがあるのでやめましょう。皮膚科に相談してみてください。

にきびの予防・ケア方法

1日2回洗顔料をよく泡立てて洗う

洗顔後は優しく水分をふき取り保湿する

すいみんをとって体を休める

ビタミンB₂やビタミンCをとる

どうして毛が生えるの？

　脇や性器の周りに太い毛が生えてくるのは、性ホルモン（→P.16）の働きです。これらの毛は、皮膚の下にある大切な器官を守るために生えるといわれています。また、腕や足など他の部位の体毛もこくなります。

　気になる人は、かみそりを使って処理しましょう。毛の流れにそってかみそりで優しくそります。処理が終わったら、おふろ上がりに保湿クリームをぬるのがおすすめです。

背がのびるしくみって？

　身長は一人一人ちがい、よいも悪いもありませんが、「背がのびる」とは「骨がのびる」ということ。骨がのびるのに必要な成長ホルモンは、よいすいみんをとっているときに、たくさん分泌されます。

　また、適度な運動で骨に刺激をあたえたり、骨の材料となるカルシウムやマグネシウムをとったりすることも大事です。糖分たっぷりのあまいものやリンがふくまれるインスタント食品は、カルシウムの吸収をさまたげるので、要注意です。

荒川先生から

自分が気持ちよく過ごせるように

　思春期の体には、他にもさまざまな変化が起きます。自分が気持ちよく過ごせるように、メンテナンスしましょう。

体のにおいが気になる
汗を出す「汗腺」が発達し、においが強くなります。せっけんで体をよく洗い、服はこまめにかえましょう。

胸が痛い
成長につれて痛んだり、しこりができたりすることも。体に合う下着をつけましょう。男の子にも起きることがあります。

声が出にくい
声が低くなる「声変わり」が起きます。無理に声を出さず、喉の乾燥を防ぎましょう。

いつも薬にたよってしまうを メンテナンス

薬を飲んだのに、なぜか調子がいまいち……。
薬の正しい使い方って知っている？

もやもや❶ 調子が悪いときは、薬を飲めばOK？

薬を飲んだのに、だるいんだ……。
薬を飲めば治るんじゃないの？

かぜをひいたとき、お父さんに「ご飯を食べて、温かくしてねたら治るよ」って言われたよ。

ぼくも微熱が出たとき、薬は飲まなかったけどいっぱいねたら治ったな。どうしてだろう？

もやもや❷ 他の人の薬を飲んでもいい？

お兄ちゃんと同じ症状だから、飲んでも大丈夫だよね……？

大丈夫じゃない？ 家族だし、残したら薬がもったいないし！

病院でもらう薬は、他の人にあげちゃだめって聞いたことがあるよ。

もやもや❸ 薬が効かない気がする

よく頭が痛くなるから、頭痛薬を飲んでいるんだけど、最近効かなくなってきた。

それって薬が足りていないんじゃない？ もっと飲んだら、治るかもよ。

でも、薬のふくろや箱に飲み方が書いてあるよね。それを守ったほうがいいんじゃないかなあ。

薬だけにたよらない！

体には、病気やけがを自分で治す「自然治癒力」が備わっています。かぜのときに熱やせき、鼻水などが出るのは、ウイルスを体の外に出そうとする自然治癒力の働きです。調子が悪いときは体を休め、回復のためにパワーを使えるようにしましょう。

自然治癒力だけで治らないときや、回復に時間がかかりそうなとき、インフルエンザなどの感染力が強い病気のときは薬を使いましょう。薬は症状をやわらげたり、病気の原因を取り除いたりして自然治癒力をサポートしてくれます。

自然治癒力を高めるために大切なこと

バランスのよい食事
適度な運動
十分なすいみん

薬は自分だけのもの

病院でもらう薬は、医師が患者の症状や体の大きさ、体質などを考えて選びます。症状が似ているからと、他の人の薬を飲んだり、自分の薬をだれかにあげたりするのはとても危険です。「治ったから、もう飲まなくてOK」と自分で判断せず、最後まで飲み切りましょう。

医師が出す処方せんをもとに、薬剤師が薬を処方する。

使う量を守ろう

脳には、痛みの感じやすさをコントロールする機能がありますが、頭痛薬などの痛みをおさえる薬を使いすぎると、その機能がまひしてしまいます。

そうすると、ちょっとのことで痛みを感じやすくなったり「痛くなるかも」という不安がストレスになって痛みを引き起こしたりして、さらに薬を使ってしまうという悪循環になってしまうこともあります。

薬は、必ず決められた量を守って使いましょう。

荒川先生から

薬の「食前」「食後」っていつ？

薬の正しい使い方を知っていますか？　薬は、飲む量とともに飲むタイミングが決まっています。薬のふくろや箱に書いてあるので、飲む前に必ず確認しましょう。

「食前」に飲む薬は、食事をする30分から1時間前に飲みます。「食後」の薬は、食事が終わってから30分以内、「食間」は食事と食事の間という意味で、前の食事から2時間くらいあとに飲みます。食事をしている途中で飲むということではありません。胃の中に食べ物が入っていない状態で、次の食事まで時間が空いているときに飲むことがポイントです。

もし薬を飲み忘れてしまったら、2回分まとめて飲んだりせず、医師や薬剤師に相談しましょう。

もやもやファイル ③
すぐ緊張してしまうのがいや！

すぐ緊張してしまうをメンテナンス

ドキドキして失敗しちゃう、汗が出たり顔が赤くなったりする。
そんなこと、みんなもある？

もやもや❶ 緊張してうまくいかない

人の前に立つと、ドキドキして頭が真っ白になっちゃうんだ……。

ほんとうはできるのに、緊張してうまくできなくなるとくやしいよね。

緊張しない人がうらやましいよ。
何か緊張しない方法はないのかなあ？

もやもや❷ 汗が止まらない

汗が気になって、それで集中できなくて、ますます緊張しちゃう。

暑いわけじゃないのに、なんで緊張すると汗が出るんだろう？

少しでもいいから、緊張を取り除けないかなあ。

もやもや❸ 顔が赤くなる

ドキドキすると、すぐ顔が赤くなるのがいや……。

そうだったの？
ぼくは気にならないよ。
一生懸命なのが伝わってくるし。

私は「変って思われないかな？」ってすごく気になっちゃう。

緊張するのは自然なこと

緊張すると、ドキドキしたり汗をかいたり、顔が赤くなったりするのは、体を緊張させる「交感神経」（→4巻P.24）が働くからです。

大昔、人間は狩りをして生きていました。一つの行動が生きるか死ぬかを左右します。そんなとき、交感神経が体を緊張させ、血液を筋肉に集中させることで力を出していました。

そのため、今でも不安や危険を感じると、緊張して体にさまざまな反応が起きます。緊張するのは、人として自然なことなのです。

つらいときは相談して

緊張するのはふつうのことですが、「顔が赤くなるかも」「笑われるかも」と不安になると、もっと緊張して負のループにはまってしまうこともあります。

不安がとても強かったり、緊張によって起きる体の反応がつらかったりするときは、まずは先生やスクールカウンセラーに相談しましょう。

緊張をゆるめよう

緊張したとき、体は筋肉に力が入り、かたくなっています。そんなときは、手にぎゅーっと力を入れてから、その力をゆるめてみましょう。力がぬけると、いっしょに緊張もゆるんでリラックスできます。

また、周りの景色を見るなど、自分以外のものに意識を向けるのもおすすめです。自分なりの緊張をゆるめる方法をもっておくと安心できますよ。

緊張をゆるめるメンテナンス！

両腕をのばし、手のひらを上に向ける → 親指を包むように手をにぎり、ぎゅーっと力を入れる → ゆっくり手を広げ、じわっと力がぬける感覚を味わう

荒川先生から

緊張を味方につけよう！

緊張するのは人として当たり前のことといっても、「緊張しないでいられたらいいのに！」と思う人も少なくないのではないでしょうか。でも、適度な緊張にはいい面もあるのです。

例えば、あと1週間で夏休みが終わってしまうのに、宿題にまったく手をつけていなかったことに気づいたとき。リラックスパワーが全開だと、頭がぼんやりして危機感もやる気も出てきません。「まずい！　やらないと！」と適度に緊張することで、やる気がわいたり、目の前の宿題への集中力を高めたりできるのです。

思春期の心と体には何が起きているの？

子どもの体から大人の体へ変化していく時期を「思春期」といいます。
そのとき体の中では、何が起きているのでしょうか。
また、心はどのように変わっていくのでしょう。

体に何が起きている？

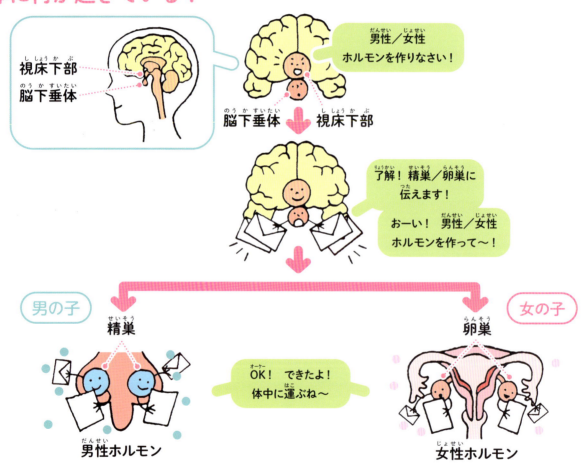

ホルモンの働きで大人の体に

ホルモンは、体のさまざまな働きを調節する物質で、全部で100種類以上あります。思春期になると、男の子は男性ホルモン、女の子は女性ホルモンという「性ホルモン」が分泌されるようになります。

それによって子どもの体から、男性・女性らしい大人の体になったり、身長がぐんとのびたりなど、さまざまな変化が起きます。

脳から指令が出される！

性ホルモンはどのようにして分泌されるのでしょうか。まず、脳の「視床下部」から、「脳下垂体」に「性ホルモンを作りなさい」と指令が出されます。

すると、脳下垂体から「性ホルモンを分泌させるホルモン」が分泌され、男の子は精巣、女の子は卵巣へ運ばれます。そして男性ホルモン・女性ホルモンが作られ、体中へ届けられます。

どんなふうに変わっていく?

性ホルモンの分泌によって、大人の体に近付いていきます。
心と体には、どんな変化が起きるのでしょうか?

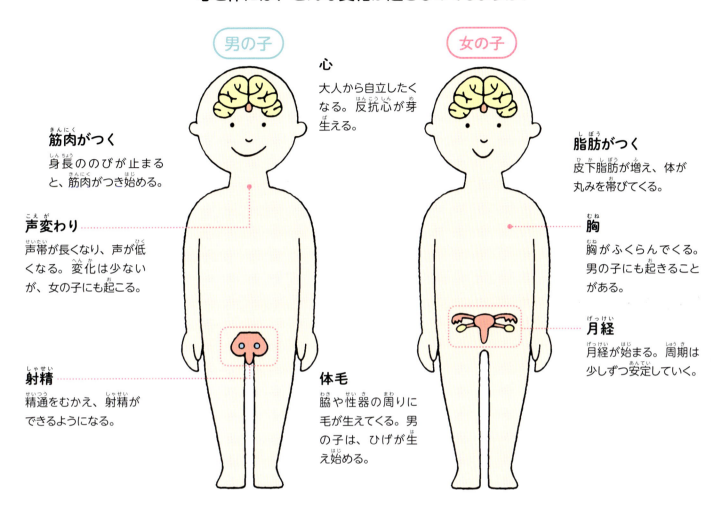

男の子

筋肉がつく
身長ののびが止まると、筋肉がつき始める。

声変わり
声帯が長くなり、声が低くなる。変化は少ないが、女の子にも起こる。

射精
精通をむかえ、射精ができるようになる。

心
大人から自立したくなる。反抗心が芽生える。

体毛
脇や性器の周りに毛が生えてくる。男の子は、ひげが生え始める。

女の子

脂肪がつく
皮下脂肪が増え、体が丸みを帯びてくる。

胸
胸がふくらんでくる。男の子にも起きることがある。

月経
月経が始まる。周期は少しずつ安定していく。

脳はまだまだ成長途中

脳は後ろのほうから前のほうへと成長していきます。
思春期は、後ろの部分から少しずつ成長が進みますが、
計画を立てたり、自分の気持ちをおさえて行動したりする
前頭前野が成熟するのは25才ごろといわれています。
そのため、この時期は理性よりも感情に
素早く反応してしまい、いかりや不安
などにふり回されやすいのです。

感情にふり回されていると感じたときは、深呼吸して気持ちを落ち着かせましょう。

コラム ♥

自分の体に優しく！
上手な休み方を身につけよう

思春期は、人生の中で赤ちゃんの時期の次に、体が大きく成長するタイミングです。
短い間に体が大きく変わるので、体に不調が出ることもあります。
へとへとになってしまう前に、上手に休むことが大事です。

自分の体が1台の車だとしたら……

車はガソリンを入れないと走らないし、定期的にメンテナンスも必要。気をつけて運転しないと、事故にあってしまうかも……。

体の声に敏感になろう

　車は、故障したら新しい車に乗りかえればよいですが、体はそうはいきません。あなたの体は、大人になってもずっと使い続けていくもの。大事にしていきたいですね。
　つかれているときや調子が悪いとき、体はそのことを「ねむれない」「イライラする」などさまざまな形にして教えてくれます。そんな体の声に敏感になって、上手に休むことが大切です。

上手な休み方って……？

　学校や習い事などを休むとき「休んでしまった」「勉強をしないと……」と罪悪感やあせりをもつと余計につかれてしまいます。思い切って休んだほうが、気持ちもリフレッシュしてまたがんばることができます。
　ただし、1日中だらだらねていると、体内時計が乱れてかえってつかれてしまいます。朝はしっかり起きて朝食をとり、好きなことをするなど、規則正しい生活習慣を心がけましょう。

体をリセットさせるすいみん！

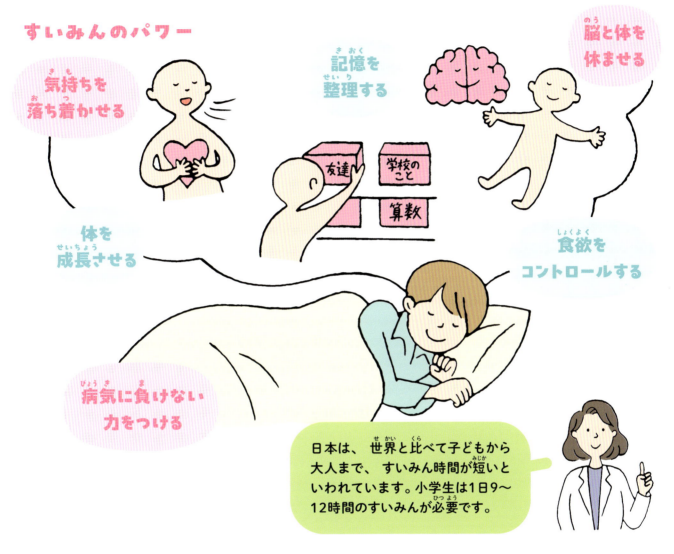

日本は、世界と比べて子どもから大人まで、すいみん時間が短いといわれています。小学生は1日9〜12時間のすいみんが必要です。

すいみんで脳と体を休めよう

　すいみんには、へとへとの脳と体を休ませて、つかれをとったり、日中に見たことや学んだことを整理して記憶したりする働きがあります。他にも、成長ホルモンを分泌させて筋肉や骨を大きくしたり、身長をのばしたり、脳などの臓器を発達させたりなど、すいみんはさまざまな働きをしています。

　すいみんには1日のつかれをリセットし、元気な体を作るパワーがあるのです。

ねむる前はリラックス

　よいすいみんをとるためには、ねむる前にリラックスして過ごすことも大事です。ねむる2時間前におふろに入る、温かい飲み物を飲むなど自分に合った方法でリラックスしましょう。

　また、ねむれないときに無理にねむろうとすると、かえって目がさえてしまいます。そんなときは布団から出て、ねむたくなるまで本を読む、静かな音楽を聞くなど、心が落ち着くことをしましょう。

もやもやファイル ④

かわいい・かっこいい あの子はいいな……

自分を好きになれないをメンテナンス

「かわいい」「かっこいい」人たちがうらやましい！ だれかと自分を比べて、落ちこんだり自信をなくしたり……。そんなとき、どうしてる？

もやもや❶ 自分の顔を好きになれない

リン
ぱっちりした目に生まれたかった。写真を見るたびに、悲しくなる。

えっ！ そうかなあ。私はリンの切れ長の目、すてきだと思うよ。

ぼくも自分の見た目がいや。自分に自信がもてないんだ……。

もやもや❷ 友達と比べてしまう

リナはかわいくてうらやましい。それに比べて、私なんて……。

友達と比べたってしょうがないのはわかっているけど、つい考えちゃうよね。

私は、あんまり考えたことないな。人それぞれいいところがあると思う！

もやもや❸ 外見のことを言われてつらい

タクヤ
背が低いのを気にしているのに……。どうせぼくなんて、ぱっとしないよ。

外見より中身が大事だよ！タクヤっておもしろくて、いっしょにいると楽しくなるよ。

生まれもったものは変えられないから、何か言われるとすごく傷つくよね。

自分のことをほめてみよう

　自分に自信のないところがあると、自分のイメージがゆがんだ鏡に映ったかのように変形してしまい、ほんとうの自分が見えなくなることがあります。

　鏡のゆがみを直すために、自分をほめることから始めてみましょう。自分の顔や体を優しくなで「今日もがんばったね」などと、心の中で体に声をかけてあげると、自分の体が大切に思えてきます。

「いいな」をばねにしよう

　「あの子はいいな」「うらやましい……」という気持ちでいっぱいになったときは、それをばねに、もっとすてきな自分を目指すチャンスかもしれません。その人のすてきなところを分析して、どうしたら理想に近づけるか考えて、やってみましょう。

○○ちゃんのすてきなところ
- ☐ 明るくていっしょにいると元気が出る
- ☐ だれに対しても優しい
- ☐ 髪がいつもさらさらで清潔感がある

「やめて」と伝えて

　もしだれかに外見について言われて、いやな気持ちになったら「傷つくからやめて」と伝えてください。一人一人見た目にちがいがあっても、その尊さに変わりはありません。

　人気者のアイドルも、ずっと今の姿のままではなく、いつかはおじいさんやおばあさんになります。それも人間らしい変化の一つです。そのときまで、きれいで優しい心をもっている人がほんとうの「かわいい」「かっこいい」人なのではないでしょうか。

荒川先生から

自分だけの「すてき」って何だろう？

　自分を客観的に見られるようになる思春期は、人とのちがいが気になったり、自分と人を比べて引け目を感じやすくなったりします。それにとらわれすぎて、自分のすてきなところが見えなくなるのはもったいないことです。

　あなたのすてきなところはどこですか？ どんなに小さなことでも大丈夫。「一人で起きた」「友達にあいさつした」「きれいな花を見つけた」など、探してみるとこれまで気にも留めていなかったことが、いろいろ思いうかぶはず。家族や友達に聞いてみてもいいですね。

　そんなすてきなところがある自分自身のことを、もっと好きになってください。そして、それを見つけてくれた人を大事にしてほしいです。

もやもやファイル ⑤

ダイエットってしたほうがいいの？

まちがったダイエットをメンテナンス

どうしてもやせたい！　逆に、大人にダイエットを強制されて困っている……。
どうしたら、健康的でかっこいい体になれるのかな？

もやもや❶ やせたから食べたくない

サナ

せっかくやせたのに、太りたくない。
ご飯食べたくないな……。

サナは太ってないよ？
やせなくていいと思うけど。

「成長期にダイエットをすると、背がのびなくなる」って
聞いたことあるよ。

もやもや❷ 置きかえダイエットってやせる?

夜ご飯をリンゴに置きかえたら
やせるってネットで見たよ。
簡単だし、やってみようかな。

「バランスよく食べなさい」
って言われるけど、同じもの
だけ食べ続けて大丈夫？

体重が減ったら、元の食事に
もどせばいいんじゃない？

もやもや❸ 大人にダイエットを強制される

バレエの先生が
「体重を減らしなさい」って。
細くないといい役をもらえないかも。

でも、そのせいで生理が
止まった先輩もいるって
聞いたことあるよ。

ぼくは逆にもっと食べて体重を
増やせって言われる。十分に食べてる
つもりなんだけど……。

体重よりも筋肉の量

私たちの体は、大きく分けると「脂肪」「筋肉」「骨」「水分」の4つの組織からできています。脂肪と筋肉は、同じ重さでも大きさがちがいます。だから、「すらっと引きしまった体になりたい」と思うときに大事なのは、体重よりも筋肉の量です。

「体重が減った」ことは、必ずしも「すらっとした体になった」ことと同じではないのです。同じ体重でも脂肪が少なく筋肉が多い体は、脂肪が多く筋肉が少ない体より引きしまって見えます。

ご飯をぬいて体重は減ったけど、やせた感じがしない……

バランスよく食べて運動もしたよ！

食事と運動の合わせ技！

無理なダイエットによって、体に栄養が入ってこないと、脳は「筋肉を分解してエネルギーにしなさい」と指令を出します。すると筋肉は減り、筋肉が少ないとやせにくい体になってしまいます。

ダイエットをする場合は、バランスのよい食事と運動を組み合わせましょう。運動はカロリーを消費するだけでなく筋肉を増やし、健康的で太りにくい体にしてくれます。

他の大人に相談しよう！

もし、健康に問題がないのに大人に体重を増やす（減らす）ように言われたら、要注意です。思春期に無理に体重を増減させることは、体にも心にも負担がかかります。今は大丈夫でも、大人になったときに糖尿病や骨粗しょう症などの病気になるおそれもあります。

その大人は、無理に体重を増減させることの危険性を知らないのかもしれません。信頼できる他の大人に相談してください。

荒川先生から

そのダイエット、ほんとうに必要？

思春期は体を作る時期なので、人生の中でいちばん栄養が必要になります。基本的にダイエットはおすすめしません。特に、大人がするような食べないダイエットは危険です。

この時期に栄養が足りないと、性ホルモン（→P.16）の分泌が減り、男の子も女の子も、将来子どもを作ることが難しくなったり、骨の量が十分に増えず背がのびにくくなったりすることがあります。また、うまく食べることができなくなってしまう摂食障害（→4巻P.27）につながるおそれもあります。

まずは、自分がほんとうに太っているのかチェックしましょう。学校の健康診断では、「肥満度」を測定します。健康診断表を見るか、手元にないときは、保健室の先生に聞きにいきましょう。肥満度が20％以下なら、ダイエットは必要ありません。

健康な体を作るには何に気をつけたらいい？

私たちの体は、何から作られているか知っていますか？
健康でいるために、どんなことに気をつけたらよいのでしょうか。

どんな栄養が必要？

副菜
- 野菜、キノコ、イモ、海藻など
- 体の調子を整える

果物
- いちご、メロン、バナナなど
- 病気から体を守る

牛乳・乳製品
- 牛乳、ヨーグルトなど
- 骨や歯を丈夫にする

主食
- ご飯、パン、めんなど
- エネルギーになる

主菜
- 肉、魚、卵、大豆製品など
- 体を作るもとになる

体は食べたものからできている

私たちの体は、およそ60兆もの細胞からできているといわれています。毎日4000億から5000億個の細胞が死に、それと同じくらいの細胞が生まれ、体を作っています。

数年たつと、今自分を作っている細胞のほとんどが入れかわります。そんな細胞たちの材料は食べたものの栄養素です。健康な体を作るには、栄養バランスの整った食事が大事なのです。

給食をお手本にしよう！

学校の給食は、栄養バランスを考えて作られています。給食をお手本に、主食、主菜、副菜、果物、牛乳・乳製品をバランスよく組み合わせてみましょう。

いきなり完璧な栄養バランスの食事をするのが難しければ、「苦手な食べ物も一口は食べる」「野菜を食べなかったときは、次の食事でとる」など、簡単なことから始めてみてください。

Q&A これってどうなの？

体のことで、気になることを集めました。
理由がわかれば、何にどう気をつけたらいいかわかります。いっしょに考えてみましょう。

Q エナジードリンクを飲むと元気になる？
A 元気にはならない

元気になった気がしても、それは一瞬のこと。砂糖やカフェインが大量に入っていて依存性が強いので、元気になる飲み物とはいえません。海外では禁止になっている国もあります。

Q 日焼けはしないほうがいい？
A 1日30分くらいは必要

日光を浴びると骨の成長に必要なビタミンDが作られます。一方で日焼けのしすぎは、しみやしわ、皮膚がんになりやすくなることも。帽子や日焼け止めでほどほどに対策をしましょう。

Q メイクをしてもいい？
A 使い方を考えて

子どもの肌は大人に比べてうすく敏感。化粧品の成分や肌をこするメイク自体、肌に負担がかかります。「休日出かけるときだけ」などルールを決めて、使いすぎないようにしましょう。

Q サプリを飲めば栄養はとれる？
A とれるけど、食事でとるのが基本

サプリはあくまで栄養の補助！栄養は食事からとるのが基本です。また、サプリは基本的に大人の体の大きさを基準に作られています。飲むときは必ず大人に相談しましょう。

何でも「ほどほど」を意識して

エナジードリンクやサプリ、日焼けにメイク……。それらが必ずしも悪者なわけではありません。「ケーキは砂糖がいっぱいで体に悪い！」といって、年に一度の誕生日ケーキまで禁止されたら悲しいですよね。体の声を聞いて、何事も「ほどほど」につき合っていくことが大事なのです。

子どものころの生活習慣は、大人になったときの体にも影響します。ほどほどに気をつけましょう。

「ルッキズム」って何？

「ルッキズム」という言葉を聞いたことはありますか？
日本語にすると、「外見至上主義」といわれますが、どんな意味なのでしょうか。
そして、あなたはどのように考えますか。

こんな場面、見たことある？

差別にもつながる「ルッキズム」

「ルッキズム」とは、人を見た目で判断することをいいます。SNSでは簡単に写真についた「いいね」の数を見たり、他の人と比べたりでき、「もっとかわいい（かっこいい）と思われる姿を見せないと」と感じる人も増えています。

しかし、人の中身は見た目からだけではわかりません。人はそれぞれ多様な特徴があり、見た目はその一つでしかないのです。ルッキズムは、差別や偏見につながるおそれがあります。

「コンプレックス広告」って知ってる？

「コンプレックス広告」とは、体のコンプレックスをあおって商品を宣伝する広告のことで、SNSを中心に広まっています。「飲むだけでやせる」「肌あれが1日で治る」など効果を大げさにいっているものも多くあり、注意が必要です。

体の一部の特徴を強調し、不安にさせる広告は、ルッキズムを加速させるおそれがあります。「いやだな」と感じたら見るのはやめましょう。なくすための取り組みも始まっています。

「美しさ」は多様なもの

平安時代
（今から1200年くらい前）

江戸時代
（今から400年くらい前）

現代

美しさは変わっていく

今からおよそ1200年前の平安時代は、細い目や小さな口と鼻をもち、ふくよかな体型の人が美しいとされていました。今とはちがうように感じるかもしれません。美しさは時代とともに変わっていくものなのです。

また、美しさは一つではなく多様なものです。SNSなどで伝えられるのは、決まったイメージであることが多く、そうでないと悪いかのように思わせる危険性もあります。一人一人の生まれもったものを認め合うことが大事です。

現代では、ありのままの自分を受け入れようという考え方の「ボディニュートラル」が広まってきています。

世界で広まる「反ルッキズム」の動き

世界中で、多様性を受け入れる考え方が広がってきています。

広告ルールの変更

加工写真を広告に使うとき、そのことを表示する必要のある国もある。

プラスサイズモデル

平均より大きな体型をした「プラスサイズモデル」の活躍の場が広がっている。

コンテストの見直し

見た目にかたよった審査基準や、男女の区分を見直すコンテストも増えてきた。

31

もやもやファイル ❻

月経(生理)っていやだなあ

月経（生理）の疑問をメンテナンス

月経は女の子の体の大事なしくみの一つ。
女の子も男の子も、月経の仕組みやケアの方法を知っておきましょう。

生理って、おなかが痛くなるんだよね？
私もそろそろ始まるのかな。不安だなあ。

女の子の体には、そんなことが起きるんだ。知らなかったな。

私は生理のときだけじゃなくて、生理の前も調子が悪くなる……。どうしてこんなことが起きるのかな？

調子が悪いとき、自分でできることはあるのかな？

女の子の性器

女の子の体の内側には、赤ちゃんのもとである「卵子」が入った「卵巣」と、赤ちゃんを育てる「子宮」があります。卵子は、女の子がお母さんのおなかの中にいるときに、すでに一生分の数が作られています。体の外側には、子宮と体の外をつなぐ「膣」と、男の子の陰茎にあたる「陰核」があります。

思春期に入ると、女の子の体は女性ホルモンが働いて月経が始まり、赤ちゃんを産める体へと変化します。

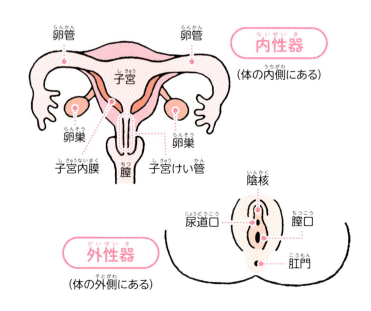

月経って何？

女の子の体の中には、赤ちゃんを産むための準備をしたり、赤ちゃんを育てたりする「子宮」があります。大人になる準備ができると、およそ1か月に1回、体は赤ちゃんを育てるために「子宮内膜」（→P.40）というふかふかのベッドのような血の膜を作ります。卵子と精子が出会わず、ベッドが使われなかったときは、膜がはがれ、経血といっしょに体の外に出ます。これが「月経」です。1回の月経は、3〜7日間くらい続きます。

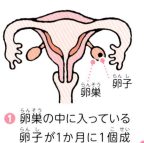
① 卵巣の中に入っている卵子が1か月に1個成長する。

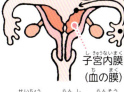
② 成長した卵子が卵巣から飛び出し、精子が来るのを待つ。

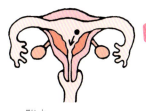
③ 精子が来なかった場合、卵子は受精卵にならず流れていく。

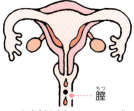
④ 子宮内膜がはがれ落ち、膣から出ていく。

初めての月経を「初経」といいます。初経は、10〜14才くらいでむかえる人が多いですが、個人差があります。

なんで月経痛があるの？

はがれ落ちた子宮内膜を体の外へおし出すときに子宮がぎゅーっと縮むため、おなかに痛みを感じる人もいます。これが「月経痛」です。痛みの感じ方には、個人差があります。ナッツや納豆にふくまれるマグネシウムは、月経痛をやわらげてくれますよ。大人も、月経痛がひどいときは学校や仕事を休むものです。つらいときは、ためらわず休んでOK！

月経前に調子が悪くなる

月経前にイライラしたり、腹痛や便秘、むくみ、眠気が起きることもあります。これは、PMS（月経前症候群）といい、月経の1週間くらい前から症状が出始め、月経が始まると消えていきます。

PMSの症状があるときは、温かい飲み物で体を温め、しっかりとすいみんをとって体をリラックスさせましょう。

荒川先生から

月経を快適に過ごそう

ドラッグストアの生理用品コーナーに行ったことはありますか？ 月経のときに経血を吸収してくれるナプキンは、商品によって大きさや厚さ、形などがちがいます。いろいろ試して自分に合ったものを選びましょう。ナプキンの他にも、さまざまな生理用品があります。気になることがあったら、気軽に保健室に来てくださいね。

ナプキン 下着につけて経血を吸い取る

タンポン 膣に入れて経血のもれを防ぐ

月経パンツ 数回の経血を吸い取る

もやもやファイル 7
精通・射精っていったい何？

精通・射精の疑問をメンテナンス

思春期になると、男の子は精通をむかえ射精が起きるようになります。
これらは、どのようなしくみで何のために起きるのでしょうか。

急に体が大人になったみたいで、なんかいやだなあ。友達に比べて自分がどうなのかも気になる……。

ぼくはまだ精通していないよ。人によって時期はちがうって聞いたから、そんなに気にならないな。

「成長のしかたには個人差がある」ってよく言われるよね。男の子も体も変わっていくんだね。知らなかったなあ。

体の中では何が起きているんだろう？気をつけたほうがいいことってあるのかな？

男の子の性器

おちんちんの正しい名前は、「陰茎」といいます。思春期に入ると、男の子の体では男性ホルモンが活発に作られるようになり、陰茎や陰のうが大きくなります。そして、陰のうの中にある「精巣」で「精子」という赤ちゃんのもとを作り始めます。

精巣で作られた精子は、体の内側にある精管を通り、おしっこの出口である尿道口から飛び出します。性器は、命が始まる大事なところです。

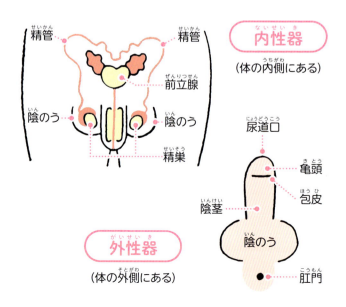

射精って何？

男の子は、赤ちゃんを作る準備が整うと「射精」ができるようになります。射精とは、尿道口から精子が混ざった「精液」が出ること。多くは、陰茎がかたく大きくなる「勃起」という状態のときに起きます。

初めて精液が出ることを「精通」といいます。これは大人に近づいた証です。時期には個人差があり、ねているときに射精する「夢精」で精通をむかえる人もいます。びっくりするかもしれませんが、だれにでも起きることなので心配いりません。

1回の射精で出る精子は1億個以上！

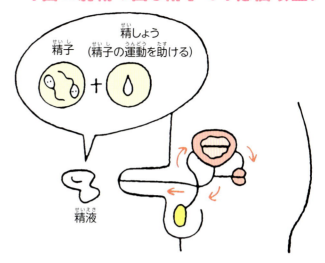

精子 ＋ 精しょう（精子の運動を助ける）
精液

どうして勃起するの？

陰茎はスポンジのようなものでできていて、さわったりすると血液が集まってふくらみ、かたくなります。その状態を「勃起」といいます。さわっていないときでも、好きな人のことやエッチなことを考えたとき、無意識のときにも起きるふつうの現象です。

勃起は、精子を女性のもつ卵子の近くまで届けるために必要なしくみです。陰茎がやわらかいと膣に入りにくいためです。もし勃起して困ったら、他のことを考えたり深呼吸したりして気持ちを落ち着かせましょう。

性器のなやみについて

性器の大きさで悩んでいる男の子はたくさんいます。でも、一人一人顔や性格がちがうのといっしょで、性器の大きさも形も人によってさまざま。大きいからよいということでもありません。

また、陰茎の先が皮におおわれている「包茎」を気にする人もいますが、日本人の約7割が大人になっても包茎のままといわれています。手で皮をむけるなら、清潔にしておけば問題ありません。

荒川先生から

おしっこと精液の秘密

精液は、おしっこが出てくる尿道口と同じ場所から出てきます。「おしっこと精液が混ざらないの？」と不思議に思うかもしれません。

でも、射精するときは、一時的におしっこの出る道は筋肉のとびらによって閉められるので、精液と混ざることはありません。反対におしっこをするときは、筋肉のとびらがゆるみ、おしっこが出るようになります。

精液は、体から出てくるときは無菌できれいな状態ですが、しばらくたつとにおいが出たり固まったりします。精液がついた下着は、自分で軽く洗ってから洗濯機に入れましょう。

私たちは、どのようにして生まれてきたのだろう？

新しい命は、どのようにして誕生するのでしょうか。
命が生まれるしくみと、
この世界に生まれてくるまでの道筋を見ていきましょう。

命の誕生のしくみ

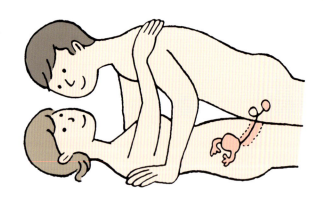

女性の膣に男性が陰茎を入れて射精し、精子を体の中に送り届ける。

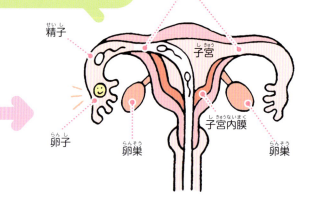

1億個以上出てくる精子のうち、卵管までたどり着けるのは100個ほど！

精子は膣の中を進み、卵管を目指す。

精子と卵子が出会う

私たちの命は、精子と卵子の出会いから始まります。男性の精巣で作られた精子と女性の卵巣から飛び出した卵子が出会い、受精すると「受精卵」ができます。

そして、その受精卵が女性の体内にある子宮内膜にくっついて「着床」すると、妊娠が始まります。受精卵は子宮の中で細胞分裂をくり返し、赤ちゃんの体を作っていきます。

赤ちゃんは子宮の中で育つ

赤ちゃんはおよそ38週間を子宮の中で過ごします。赤ちゃんの周りは、赤ちゃんを守る「羊水」という液体で満たされています。赤ちゃんは、へその緒を通して母親から栄養をもらいながら成長していきます。

そうして生まれる赤ちゃんは、身長およそ50cm、体重はおよそ3kgです。受精から長い道のりを経て、この世界に生まれてきます。

初めはとっても小さい!

私たちはみんな、「受精卵」というたった一つの細胞から始まります。受精卵はおよそ0.1mm。
女性のおなかの中で、少しずつ成長していきます。

> 二つの卵子が受精したり、受精卵が二つに分かれたりすると、双子になるよ。

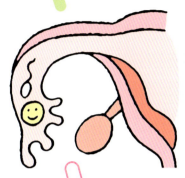

受精

卵管までたどり着いた100個くらいの精子のうち、たった一つの精子だけが卵子に入って受精する。

精子は卵子の膜を通りぬけて中に入り、受精卵になる。

女性の体の中から卵子を取り出して精子と授精させ、受精卵を子宮にもどす方法もある。

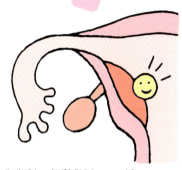

受精卵は細胞分裂をくり返しながら成長し、子宮内膜にくっつく(着床)。

着床

およそ38週間

> へその緒を通して母親から栄養をもらいながら、子宮の中で成長していくよ。

生まれた!

赤ちゃんは膣を通って生まれてくる。母親や赤ちゃんの安全のために、母親のおなかを手術で切って産む方法もある。

コラム

セックス・妊娠について知っておいてほしいこと

思春期になり月経や射精が起きるようになると、女性は妊娠をしたり、男性は女性を妊娠させたりする可能性があります。これから大人になっていく中で、責任をもった選択や行動ができるよう考えてみましょう。

責任が必要！ セックスって何？

　セックスとは、主に男性の陰茎を女性の膣の中に入れることで、子孫を残すための行いです（→P.40）。月経と射精が始まれば、一度のセックスでも妊娠の可能性があります。

　大人になるとおたがいの愛情を確かめ合うためにすることもありますが、必ず性的同意（→3巻P.24）が必要で、責任のいる行為です。相手の気持ちを無視して行うと、心と体を深く傷つける性暴力になります。

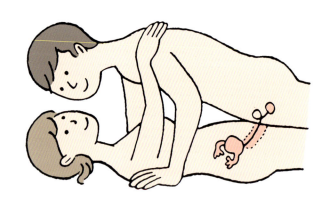

正しい知識を！ 性感染症って何？

　セックスなどの性行為でうつる病気を「性感染症」（STD）といいます。性感染症にはさまざまな種類があり、たった一度のセックスでも感染する可能性があります。

　日常生活ではほとんどうつりませんが、感染に気づかず性行為をすると他の人にうつしたり、妊娠が難しくなったりすることもあります。性器がかゆい、うみが出る、いぼができるなどの症状が出たら病院に行きましょう。

主な性感染症

- HPV
- クラミジア
- B型肝炎
- C型肝炎
- ヘルペス
- 淋病
- HIV
- 梅毒

男性は泌尿器科
女性は婦人科
に行きましょう

何ができる？
望まない妊娠を防ぐには？

セックスをするときに妊娠を防ぐことを「避妊」といいます。避妊にはさまざまな方法があり、多く使われるのは、男性の陰茎に「コンドーム」といううすいふくろをかぶせ、精液が女性の膣に入らないようにする方法です。

ただし、どの方法でも妊娠の可能性をゼロにすることはできません。大人になっても、おたがいの人生に責任をもてるようになる前のセックスはおすすめしません。

避妊の方法

コンドーム / 子宮 / 膣 / 子宮内避妊具 / 子宮内避妊具（IUD） / 低用量ピル

※くわしい使い方は、3巻P.25を見ましょう。

妊娠のサイン
- 月経が来ない
- つわりが起きる
- 胸が張る
- 乳輪が黒ずむ
- 下着に白っぽい液体（おりもの）がつく

何が起こる？
妊娠はどうやってわかる？

妊娠すると、女性の体には月経が来ない、つわりが起きるなどさまざまなサインが出ます。

妊娠のサインが出たら、産婦人科で検査を受けることが大切です。薬局などで売っている妊娠検査薬で簡易的に調べることもできますが、サインが出たときや検査薬で陽性が出たときは、必ず産婦人科を受診しましょう。

もしものとき…
望まない妊娠をしたら

妊娠したかもと思ったら、できるだけ早く信頼できる大人に相談してください。セックスのあと72時間以内に飲むことで妊娠を防げる「緊急避妊薬」を使う方法もあります。

また、妊娠したけれど産めないとき、「中絶手術」によって妊娠を中断する選択もあります。中絶は心にも体にも大きな負担がかかります。相手や家族とよく話し合い、どんな選択を取るか考えることが大切です。

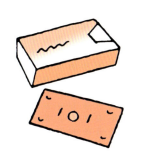

緊急避妊薬（アフターピル）
※もらうには、婦人科や産婦人科の受診が必要です。

セックスも妊娠も一人ではできません。性別に関係なく、自分のこととして正しい知識を身につけて行動することが大事です。

健康診断で自分の体のことを正しく知ろう！

自分の体についてどれくらい知っていますか？
体のことを調べる健康診断は、自分の体について知るチャンスです！
どんなことがわかるのか、くわしく見てみましょう。

年に一度、自分の体を知る「健康診断」

主な検査項目 ※項目は、学年や学校によってちがうことがあります。

保健調査
健康診断の前に、子どもの健康状態について保護者が記入する。健康診断のときに参考にする。

発育測定
身長・体重を測り、バランスよく成長しているかみる。身長ののび方や、やせすぎ、太りすぎなどを調べる。

内科検診
聴診器で心臓や呼吸の音をチェックする。栄養状態や骨・関節・手足・皮膚、その他の病気がないかみる。

視力検査
見え方によって、困ることがないか調べる。めがねやコンタクトレンズがある人は、着けて行う。

聴力検査
聞こえ方によって、困ることがないか調べる。静かな部屋で二つの高さの音を聞き、聞こえ方の検査をする。

眼科検診
右目と左目の位置（眼位）や目の病気（結膜炎など）、まつ毛・まぶた・角膜などに異常がないかを調べる。

耳鼻科検診
耳の病気（中耳炎など）や、鼻の病気（鼻炎など）、のどのおくにある「扁桃」の病気がないか調べる。

歯科検診
歯や歯茎にむし歯や病気がないか、あごの関節や歯並び、かみ合わせ、舌など口の中に問題がないかみる。

尿検査
朝起きて最初の尿（おしっこ）をとって尿の中の成分を調べ、腎臓などの病気がないか検査する。

何のためにするの？

　一年に一度行う健康診断は、何のためにあるのでしょうか？　健康診断では、自分の体が一年でどのくらい成長したのかを見たり、病気を早いうちに見つけたり、病気になる前に予防したりするために行います。元気な体でいるためにとても大切なものなのです。

　健康診断の結果は、親にわたすだけでなく自分でしっかり見て、自分の体のことは自分で知っておくようにしましょう。

尿検査は月経中の場合、経血が混ざって正しく検査できないことがあります。月経時は担任の先生や保健室の先生に相談しましょう。

体のことは大事な個人情報

健康診断の結果は大事な個人情報です。自分の結果を人に見せたり、人のものを見たりしては絶対にいけません。

自分の体について知りたいときや、体のなやみがあるときは、保健室に行ってみましょう。アドバイスをもらったり、今までの結果を聞いたりすることもできます。自分の体や健康に関心をもつことは、とても大切なことです。

もし休んでしまったら

もし、健康診断の日に学校を休んでしまったら、別の日に病院で健康診断を受けることになります。学校から案内をもらったら、親といっしょに病院に行きましょう。

健康診断を受けないと、病気や異常が見つかるのがおそくなり、状態が悪くなってしまう危険もあります。自分の体をよく知るために、必ず毎年みてもらうようにしましょう。

家族にも学校にも相談できないときは

名前を言わずに、電話やLINE、チャットで相談できるところがあります。

電話で相談する

- **24時間子供SOSダイヤル**
  0120-0-78310
  (文部科学省 24時間365日)
- **チャイルドライン　0120-99-7777**
  (チャット相談もできます)
  (特定非営利活動法人 チャイルドライン支援センター
  毎日16時〜21時)
- **いのちの電話　0120-783-556**
  (メールでの相談もできます)
  (一般社団法人日本いのちの電話連盟
  毎日16時〜21時　毎月10日は8時〜翌8時)
- **こどもの人権110番　0120-007-110**
  (メールでの相談もできます)
  (法務局 月〜金曜日　8時30分〜17時15分)

SNSで相談する

- **こころのほっとチャット**
  (NPO法人東京メンタルヘルス・スクエア)
  ○毎日9時〜11時50分（11時まで受付）／
  　毎日12時〜15時50分（15時まで受付）／
  　毎日17時〜20時50分（20時まで受付）／
  　毎日21時〜23時50分（23時まで受付）
  ○月曜日の早朝4時〜6時50分（6時まで受付）／
  　毎月最終土曜日の深夜0時〜朝5時50分
- **生きづらびっと**
  (NPO法人自殺対策支援センターライフリンク)
  ○毎日8時〜22時30分（22時まで受付）
- **あなたのいばしょチャット相談**
  (特定非営利活動法人あなたのいばしょ)
  ○24時間365日
- **LINEじんけん相談**
  (法務局)
  ○月〜金曜日　8時30分〜17時15分

SNSで知らない人に相談するのは、絶対にやめましょう！優しい言葉で近づいてくる悪い大人がいます。

さくいん

あ
- IUD あいゆーでぃー ……… 43
- アフターピル あふたーぴる ……… 43
- 陰核 いんかく ……… 34
- 陰茎 いんけい ……… 34、38、39、40、42、43
- 陰のう いんのう ……… 38
- 栄養 えいよう ……… 27、28、29
- SNS えすえぬえす ……… 30、31
- STD えすてぃーでぃー ……… 42
- エナジードリンク えなじーどりんく ……… 29

か
- 外見 がいけん ……… 22、23
- 外見至上主義 がいけんしじょうしゅぎ ……… 30
- 牛乳・乳製品 ぎゅうにゅう・にゅうせいひん ……… 28
- 緊急避妊薬 きんきゅうひにんやく ……… 43
- 緊張 きんちょう ……… 14、15
- 筋肉 きんにく ……… 15、17、27、39
- 薬 くすり ……… 10、11
- 果物 くだもの ……… 28
- 毛 け ……… 6、7、17
- 月経 げっけい ……… 17、34、35、42、43、44
- 月経前症候群 げっけいぜんしょうこうぐん ……… 35
- 月経痛 げっけいつう ……… 35
- 健康診断 けんこうしんだん ……… 27、44、45
- 声変わり こえがわり ……… 7、17
- コンドーム こんどーむ ……… 43
- コンプレックス広告 こんぷれっくすこうこく ……… 30

さ
- 細胞 さいぼう ……… 28
- サプリ さぷり ……… 29
- 子宮 しきゅう ……… 34、35、40、41
- 子宮内避妊具 しきゅうないひにんぐ ……… 43
- 子宮内膜 しきゅうないまく ……… 35、40、41
- 思春期 ししゅんき ……… 7、16、18、23、27、34、38、42
- 視床下部 ししょうかぶ ……… 16
- 自然治癒力 しぜんちゆりょく ……… 11
- 脂肪 しぼう ……… 17、27
- 射精 しゃせい ……… 17、38、39、40、42
- 主菜 しゅさい ……… 28
- 主食 しゅしょく ……… 28
- 受精 じゅせい ……… 40、41
- 授精 じゅせい ……… 41
- 受精卵 じゅせいらん ……… 35、40、41
- 初経 しょけい ……… 35
- 女性ホルモン じょせいほるもん ……… 16、34
- 身長 しんちょう ……… 6、7、44
- すいみん すいみん ……… 19
- 精液 せいえき ……… 39、43

大切な用語集

きんちょう【緊張】
ストレスを感じたときに、交感神経が活発になり体が危険に備えようとすること。心臓がドキドキする、汗をかく、顔が赤くなるなどさまざまな反応が起きる。

さいぼう【細胞】
生き物の体を作るいちばん小さな単位。人間の体は、約60兆個の細胞からできている。体内でいちばん多い細胞は、酸素を体中に運んだり、細菌やウイルスから体を守ったりする「赤血球」。

ししゅんき【思春期】
子どもから大人へ心と体が変化していく時期。身長が急激にのび、大人の体に近付いていく。気持ちが不安定になったり、人の目がとても気になったりするのも思春期の特徴。

性感染症 せいかんせんしょう	42
性器 せいき	34、38、39
精子 せいし	35、38、39、40、41
精巣 せいそう	16、38、40
精通 せいつう	17、38、39
性暴力 せいぼうりょく	42
性ホルモン せいほるもん	7、16、17、27
生理用品 せいりようひん	35
セックス せっくす	42、43

た

ダイエット だいえっと	26、27
体重 たいじゅう	27、44
男性ホルモン だんせいほるもん	7、16、38
膣 ちつ	34、35、39、40、41、42、43
着床 ちゃくしょう	40、41
中絶手術 ちゅうぜつしゅじゅつ	43
低用量ピル ていようりょうぴる	43

な

にきび にきび	6、7
尿道口 にょうどうこう	34、38、39
妊娠 にんしん	40、42、43
脳 のう	11、16、17、19
脳下垂体 のうかすいたい	16

は

肌 はだ	7、29
PMS ぴーえむえす	35
避妊 ひにん	43
日焼け ひやけ	29
副菜 ふくさい	28
包茎 ほうけい	39
勃起 ぼっき	39
ホルモン ほるもん	16

ま や ら わ

夢精 むせい	39
胸 むね	7、17
メイク めいく	29
卵管 らんかん	40、41
卵子 らんし	34、35、40、41
卵巣 らんそう	16、34、35、40
ルッキズム るっきずむ	30、31

しぜんちゆりょく 【自然治癒力】

病気やけがを自分の力で治そうとする、体に備わっている力のこと。傷や炎症などを治したり、ウイルスや細菌と戦ったりする。自然治癒力を高めるには、生活習慣を整えることが大事。

じゅせいらん 【受精卵】

卵子と精子が結びついてできる一つの細胞で、命のはじまり。人間の受精卵は0.1mmほどの大きさで、およそ38週間子宮の中で育てられる。

だいえっと 【ダイエット】

健康のために、生活習慣を見直すこと。ダイエットが必要な場合は、バランスのよい食事と運動を組み合わせるのが理想。思春期に無理なダイエットは禁物！

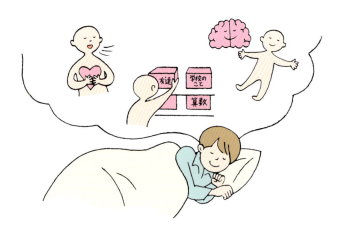

監修 荒川雅子 あらかわ まさこ

東京学芸大学芸術・スポーツ科学系養護教育講座講師。千葉県の小学校・中学校で約20年にわたり、養護教諭として心や体に不調を抱える子どもたちの保健指導に携わる。現在は、東京学芸大学で養護教諭を目指す学生の指導・育成を行いながら、養護教諭の成長プロセスについて研究している。主な共著に『子育て支援員研修テキスト（第3版）』（中央法規出版）、『養護教諭必携シリーズ 新版 学校保健 チームとしての学校で取り組むヘルスプロモーション』（東山書房）などがある。

編著 WILLこども知育研究所

幼児・児童向けの知育教材の企画・開発・編集を行う。主な編著に『知らなかった！ おなかのなかの赤ちゃん図鑑』『ぱっと見てわかる！ はじめての応急手当（全3巻）』（以上、岩崎書店）、『いろんな人に聞いてみた なんでその仕事をえらんだの？（全2巻）』（金の星社）、『すいみん図鑑（全3巻）』（フレーベル館）など多数。

もやもやしたら、どうする？
自分でできる！ 心と体のメンテナンス
②体のことで、もやもやしたら

2024年12月31日　第1刷発行

監　修	荒川雅子
編　著	WILLこども知育研究所
発行者	小松崎敬子
発行所	株式会社岩崎書店
	〒112-0014 東京都文京区関口2-3-3　7F
	電話　03-6626-5080（営業）
	03-6626-5082（編集）
印　刷	TOPPANクロレ株式会社
製　本	大村製本株式会社

表紙イラスト	長野美里
イラスト	さいとうあずみ
デザイン	鳥住美和子（chocolate.）
編　集	岡 遥香（WILL）
ＤＴＰ	小林真美（WILL）
校　正	村井みちよ

ISBN 978-4-265-09192-8　48p　29×22cm　NDC146
©2024　WILL
Published by IWASAKI Publishing Co., Ltd. Printed in Japan.

落丁本・乱丁本は小社負担にておとりかえいたします。
ご意見ご感想をお寄せ下さい。E-mail info@iwasakishoten.co.jp
岩崎書店ホームページ　https://www.iwasakishoten.co.jp

本書のコピー、スキャン、デジタル化等の無断複製は著作権法上での例外を除き禁じられています。
本書を代行業者等の第三者に依頼してスキャンやデジタル化することは、たとえ個人や家庭内での利用であっても一切認められておりません。
朗読や読み聞かせ動画の無断での配信も著作権法で禁じられています。